AF250899

LA POLITIQUE

DE

LA FRANCE

DANS LES AFFAIRES

D'ALLEMAGNE ET D'ITALIE

PAR

M. ALPHONSE DE CALONNE

EXTRAIT DE LA REVUE CONTEMPORAINE

(Livraisons des 15 et 30 septembre 1866)

PARIS

E. DENTU, LIBRAIRE — ÉDITEUR

PALAIS-ROYAL, 17 ET 19, GALERIE D'ORLÉANS

ET AUX BUREAUX DE LA REVUE CONTEMPORAINE
Rue du Faubourg-Montmartre, 17

BERLIN

STILKE ET VAN MUYDEN (MAISON SCHNEIDER)
Unter den Linden.

1866

LA

POLITIQUE DE LA FRANCE

DANS

LES AFFAIRES D'ALLEMAGNE ET D'ITALIE

13 septembre 1866.

I

Les grands événements dont l'Europe vient d'avoir le spectacle sont encore trop près de nous pour qu'on puisse bien mesurer la part qu'y a prise la politique française. La diplomatie n'a pas livré tous ses documents au public, et, les eût-elle livrés, qu'il resterait encore à connaître les mystères qu'abrite le sceau des chancelleries. Mais il n'est pas impossible de déterminer, dès à présent, le sens de cette politique et d'en faire ressortir les conséquences. Il paraît même opportun de tenter cette recherche. Des erreurs fâcheuses tendent à s'accréditer, et, sous l'influence de préoccupations qui ne sont pas toutes dégagées d'esprit de parti, des sentiments d'un autre âge semblent renaître. Nous voudrions les combattre et, dans la mesure de nos forces, répandre la lueur de vérité que nous avons cru entrevoir ; nous voudrions examiner en quoi le gouvernement français s'est inspiré des grandes traditions nationales, en quoi et pourquoi il s'en est écarté ; montrer finalement les fruits qu'il a recueillis et ceux qu'il peut recueillir encore d'une attitude qui n'a pas toujours été comprise et qui fait en ce moment l'objet de tant et de si divers commentaires.

Dans les grands faits qui viennent de s'accomplir et dont l'origine immédiate remonte à la question des Duchés de l'Elbe, la politique de l'Empereur a été l'objet de critiques contradictoires et souvent amères. Laissons l'amertume de côté, elle n'est qu'une forme ; allons au fond des choses et demandons-nous si ces jugements contradictoires ne seraient pas précisément la preuve d'une vue plus nette, d'une connaissance plus exacte qu'il n'est coutume en France des sentiments et des vœux de l'Allemagne, des conditions dans lesquelles nous pouvons l'avoir pour alliée ou pour ennemie. Si, dans cette étude, nous nous occupons surtout de l'Allemagne, c'est que du côté de l'Italie la question est à présent vidée. Malgré quelques brochures, quelques articles de journaux arriérés, qui battent encore la campagne et éclatent après coup en l'honneur d'une Italie morcelée sous l'hégémonie de l'Autriche, il n'est plus personne qui conteste sérieusement le bénéfice national de nos victoires de 1859. N'eussions-nous gagné ni un habitant de plus ni un pouce de terrain, que le gain serait encore énorme pour nous d'avoir détruit cette vieille prépondérance de la maison de Lorraine sur un sol où la maison de Bourbon eut la sagesse et la gloire de la combattre constamment. Si à cette question de l'indépendance et de l'unité italiennes n'était pas venue se mêler, pour la corrompre, la question religieuse, elle eût eu, dès le premier jour, toutes les sympathies : elle les aura le jour où cette question religieuse sera résolue. Supposez l'Italie aussi ingrate que vous voudrez ; indépendante, elle est plus près de nous que l'Italie asservie à l'Autriche. Notre ennemie séculaire, celle que combattirent Richelieu, Mazarin, Louis XIV, celle qu'il fallut briser en deux, pour que la France ne fût pas brisée par elle, entraînait dans son tourbillon et l'Italie et l'Allemagne. Ce fut un coup de maître de lui arracher la première, c'est un autre coup de maître de lui avoir laissé dérober la seconde. Les deux bras dont elle enveloppait la France sont aujourd'hui coupés ; la politique de Richelieu a reçu sa complète satisfaction.

Cette conséquence inespérée, nous l'avions vue poindre dès l'origine de la guerre d'Italie, mais nous étions loin de la croire si prochaine. Cependant, quand la question des Duchés de l'Elbe, ajournée plutôt que résolue par le traité de Londres en 1852, revint il y a quatre ans sur le tapis, notre plus inquiète attention se porta non sur la question elle-même, mais sur l'attitude que la France pouvait prendre dans le conflit. Toute la politique de la *Revue* témoigne de cette préoccupation à cette époque. Nous nous disions que là serait la pierre de touche du génie de l'Empereur. Il était si aisé de se tromper, tant d'hommes éclairés s'y étaient laissé prendre, tant de sympathies entouraient cette pauvre couronne de Danemark, une ancienne alliée, un brave et honnête peuple, une petite nation faisant tête au quart de l'Europe! Pour notre esprit chevaleresque, il y avait quelque chose de séduisant à pencher de ce côté. Puis, où était le bon droit? Le savait-on bien en France? L'affaire paraissait si embrouillée, que nul n'osait en pénétrer les arcanes; il était bien plus aisé de céder aux impulsions de son cœur et de conclure de l'état de possession à l'état de propriété. Le cœur fit si bien, qu'il entraîna l'opinion, et il fallut une volonté très ferme, ou, pour parler plus juste, une connaissance bien approfondie des choses, un sens politique bien sûr de lui-même, pour résister à ces entraînements et ne point entrer dès lors en lutte ouverte avec l'Allemagne. Cette action du sentiment sur l'opinion fut si forte et l'erreur qui en est résultée si tenace, qu'aujourd'hui encore, en dépit des éclaircissements de toutes sortes qui ont été fournis sur les droits de l'Allemagne vis-à-vis des Duchés, on rencontre des gens qui parlent du démembrement du Danemark comme d'une chose qui serait arrivée, et s'affligent qu'on ait permis un partage qui rappelle, à les entendre, celui de la Pologne. On ne le dit pas seulement, on l'écrit, on l'imprime, on en développe longuement la thèse dans des revues ou des brochures. La vérité foulée aux pieds redresse bien de temps en temps la tête, mais elle n'a pas toujours beau jeu avec des contradicteurs d'autant plus convaincus qu'ils veulent moins s'éclairer.

On a prétendu souvent que la politique impériale était une politique de hasard, sans visées d'avenir, marchant au jour le jour et se modelant aux circonstances plutôt que maîtresse des événements. Si quelques actes de la politique impériale ont pu donner créance à ces dires, ce n'est certes pas la conduite qu'elle a tenue dans les affaires du Sleswig-Holstein, ni dans les événements qui en furent la suite. La prudence la plus consommée, la perspicacité la plus pénétrante, le calcul le plus profond n'auraient pu en dicter une plus habile ni qui fût mieux dans les intérêts de la France. Si ce fut l'œuvre du hasard, il faut avouer qu'il fit bien les choses, et si les circonstances la commandèrent, il faut reconnaître qu'il n'y paraît nullement. Vingt fois le gouvernement français eut l'occasion d'intervenir; il ne le fit pas, malgré le courant de l'opinion, malgré la pression de l'Angleterre, malgré le mirage que les journaux anglais faisaient luire à nos yeux. L'Empereur savait quels étaient les besoins et les aspirations de l'Allemagne; il avait sondé la profondeur du mouvement qui s'y manifestait; il sentait battre, sous cette question des Duchés, le cœur de l'Allemagne entière, et, dans cette lutte contre le Danemark, qui eût été indigne d'une grande nation si elle n'eût eu un but plus élevé qu'une mince conquête, il avait reconnu l'élan de tout un peuple vers l'indépendance et l'unité. Que de gens qui, en Allemagne, virent, alors et plus tard, moins clair que lui !

Quelles que fussent donc les sympathies de la France pour la monarchie danoise, la politique française ne s'associa pas à ses destinées, et, lorsqu'elle parla aux conférences de Londres par la bouche de M. de Latour d'Auvergne, ce ne fut pas pour appuyer le maintien d'un traité qui blessait dans le vif la nation germanique, mais, au contraire, pour mettre en avant son principe des nationalités, avec le vote des populations pour sanction. C'était, d'une manière implicite mais assez claire, se prononcer en faveur de l'Allemagne. Celle-ci en fut reconnaissante ; l'opinion, que d'imprudentes sorties avait parfois blessée et que les annexions de Nice et de la Savoie avaient jetée dans quelques inquiétudes, y fit un retour complet vers nous ; le nom de la France y fut salué comme celui d'une nation amie, d'une sœur aînée dans les grandes voies de la civilisation. On évoqua le souvenir du temps où l'esprit français, se répandant en Allemagne, avait commencé à secouer les vieux liens féodaux et préparé, avec sa grâce féconde, l'avénement des libertés modernes. On se disait que les deux peuples pourraient s'unir d'une étroite amitié pour contenir la barbarie et accomplir ensemble les grandes merveilles de la paix. On sentait que les vœux de l'Allemagne avaient trouvé un écho de ce côté-ci du Rhin et qu'enfin la grande nation pourrait, elle aussi, comme l'Italie, poursuivre ses destinées et rapprocher ses tronçons épars. Si la France n'y était pas hostile, qui donc oserait s'y opposer ?

Mais en même temps que la nation germanique sentait, sans en avoir encore parfaitement conscience, qu'un appui efficace lui venait de la France, la politique française trouvait à Berlin un homme d'Etat résolu à saisir l'occasion et capable d'en tirer tout le parti possible. Laissant de côté la théorie, qui est fort belle, mais où l'Allemagne a coutume de s'oublier, M. de Bismark se mit sans retard à la pratique. Son esprit vif et juste, son caractère ferme et droit, durent bien des fois s'irriter des petits obstacles dont les Allemands eux-mêmes se plaisaient à hérisser sa route. Les libéraux allemands et lui poursuivaient pourtant le même but : le renversement de la vieille Confédération, l'amoindrissement, sinon l'exclusion de l'Autriche, l'unité nationale. D'où vient que, pendant trois ans, ils ne purent s'entendre ? C'est la théorie, cette merveilleuse théorie, qui a fait tout le mal. Les libéraux allemands voulaient conquérir l'Allemagne par des exposés de principes ; l'œuvre aurait pu durer quelques centaines d'années. M. de Bismark n'avait pas cette patience séculaire ; il croyait non sans raison que, lorsqu'on se propose un but et qu'on le voit distinctement, il faut l'atteindre. Que le chemin soit difficile, qu'il s'y rencontre, couchés en travers, le mauvais vouloir des uns, l'ineptie des autres, cela se conçoit ; qu'il y ait même çà et là quelques fossés bourbeux à franchir, rien que de naturel ; où serait le mérite d'un homme d'Etat, s'il n'avait jamais devant lui que les allées sablées d'un parc bien entretenu ? Où irait-il ainsi ? Jusqu'à la grille. M. de Bismark était déjà en pleins champs, que le libéralisme allemand s'étudiait encore à creuser des chausses-trapes derrière lui. Enfin la paix est faite ; puisse-t-elle durer, dans l'intérêt du pays et de ses libertés. Il y a de ces épreuves qu'on ne recommence pas.

On peut le dire, ce fut M. de Bismark qui brusqua l'affaire du Sleswig. Le succès couronna sa hardiesse, je veux dire sa prudence. Il eut la prudence de ne rien tenter que l'Allemagne ne voulût, que la Diète ne refusât d'entreprendre. C'était amoindrir la Confédération en exaltant le germanisme. Il eut la prudence de scruter les intentions d'un puissant voisin, et, les trouvant conformes à ses idées, il n'hésita pas à les mettre à exécution. Il eut la prudence de ménager à l'Autriche une part dans le succès ; c'était se couvrir à la fois du côté de la rivale, du côté de la Confédération et du côté de l'Europe. Qui donc a parlé des témérités du ministre prussien ? Il ne fait pas un pas qu'il n'ait sondé le terrain où il va mettre le pied. Quand il marche, il a tout prévu ; quand il s'arrête, il a tout calculé. C'est du bonheur ! non, c'est du génie. Mais ce génie eût été impuissant pour l'entreprise qu'il avait conçue, s'il avait eu contre lui la politique de la France. Le propre des grands hommes d'Etat est de se servir des circonstances, mais encore faut-il qu'elles se présentent : il n'est pas toujours aisé de les provoquer. Je ne sais si le ministre du roi de Prusse a eu l'art infini de les faire naître ; dans tous les cas, il a rencontré un sol fertile. C'est l'histoire seule qui dira un jour à quelle profondeur il a dû tracer son sillon.

La France avait donc laissé entamer la guerre du Sleswig, et, après la conférence de Londres, elle l'avait laissé reprendre et pousser jusqu'au bout. Que fût-il arrivé si elle avait tenu une conduite opposée ? Voilà la question que devraient se faire les écrivains et les orateurs qui critiquent cette politique. Il n'est pas sûr, d'abord, que la France fût parvenue à contenir le mouvement germanique et à paralyser la Prusse. Cette dernière avait la conscience de sa force et de son droit ; elle sentait l'Allemagne entière derrière elle, et l'Autriche aurait saisi avec avidité cette occasion de rétablir ses affaires en Italie. Qu'eussions-nous fait si, comme la Russie devant les avertissements comminatoires qu'on lui adressa naguère au sujet de la Pologne, la Prusse avait répondu par l'ironie et passé outre ? Nous nous serions trouvés placés dans l'alternative de boire cette honte ou de faire la guerre. En vérité, nous admirons que les esprits qui se vantent de vouloir la paix recommandent les procédés les plus sûrs pour la compromettre. Quand nous nous rappelons le discours prononcé par M. Thiers devant le Corps législatif, dans la séance du 3 mai dernier, nous ne pouvons assez nous étonner que les idées politiques qu'il expose aient pu exercer la moindre influence sur le bon sens public. La Prusse aurait reculé, — Qu'en savez-vous? — Vous auriez eu avec vous l'Angleterre. — Vaine espérance; l'Angleterre vous aurait laissés seuls aux prises avec toute l'Allemagne. N'a-t-elle pas déclaré, ne déclare-t-elle pas tous les jours qu'elle ne veut pas faire la guerre, que l'empire des mers est son unique souci? Et quelle aide vous eût-elle apportée dans une guerre continentale, où les gros bataillons finissent toujours par avoir le dessus? Sans doute, il est convenu que l'armée française est la première armée du monde, qu'elle ne peut pas être vaincue... Le plus sage pourtant est de ne pas s'y exposer.

Mais admettons que nos représentations et notre attitude menaçante eussent eu plus de crédit sur la Prusse qu'elles n'en avaient eu sur la Russie; admettons que l'Allemagne, — car il ne faut pas oublier qu'ici la Prusse, c'est l'Allemagne, — se fût laissé intimider et qu'elle eût abandonné son entreprise; croit-on qu'elle se fût résignée sans amertume, sans colère, sans espoir de vengeance? L'Allemagne, ulcérée, eût désormais nourri contre nous une haine implacable; nous eussions déposé dans son cœur un de ces ferments qui, en reliant étroitement les peuples de même race, les poussent infailliblement à se ruer un jour sur ceux qui entravent leurs développements. Au lieu de maintenir en Europe ce faux équilibre trop vanté, qui n'a jamais empêché ni les convoitises, ni les guerres, ni les révolutions, on eût mis dans son sein une soif inextinguible de guerres et de conquêtes. Un sentiment national unanime, exalté, eût payé notre faute par des années de luttes et de malheurs. Il faut méconnaître bien complétement le caractère de la nation allemande et l'énergie profonde qu'il recèle, pour imaginer qu'elle se fût résignée à subir ainsi notre volonté et à végéter plus longtemps, par notre fait, dans les conditions d'effacement où la tenaient ses institutions surannées. Se résigner à un rôle effacé quand on se l'est imposé à soi-même, passe encore, mais sentir dans cette humiliation la main de l'étranger, voilà ce qu'aucun peuple fier ne saurait souffrir. Qu'on se rappelle la situation en France de la branche aînée des Bourbons après 1815. Il suffit que l'on pût dire qu'elle était revenue avec l'étranger pour qu'elle fût d'avance condamnée. Ni les libertés qu'elle avait données, ni la haute politique de son gouvernement, ni l'esprit national et chevaleresque de ses princes ne purent effacer cette marque originelle. Pourquoi veut-on que ces susceptibilités trop vives soient un patrimoine exclusif de notre pays ? On peut admettre que l'Allemagne les possède aussi bien que nous.

La politique de la France dans la question dano-allemande, fut donc une politique de prudence et de sagesse ; elle s'inspira d'un sentiment juste, d'une connaissance, trop rare ici, des affaires et des tendances de l'Allemagne ; elle eut de plus le mérite d'être une consécration nouvelle des droits qu'ont les peuples de constituer leur indépendance et leur unité. Pour ceux qui aiment la logique et qui admettent les principes nouveaux sur lesquels tendent à s'asseoir les sociétés modernes, l'attitude du gouvernement français a été correcte, irréprochable; pour ceux qui sont restés dans les vieux errements et considèrent les peuples comme une matière inerte, dont la diplomatie et la force ont la libre disposition, elle peut sembler moins orthodoxe; mais pour peu qu'ils prêtent attention aux considérations que nous venons d'émettre, et qu'ils songent aux périls dont une autre conduite aurait pu donner le signal, les bons esprits reconnaîtront qu'il n'était guère possible au gouvernement français de suivre une autre marche que celle qu'il a adoptée. Ceux-là même qui la lui reprochent le plus amèrement n'en auraient pas eu d'autre s'ils avaient été au pouvoir; car nous ne leur ferons pas l'injure de supposer qu'ils eussent été assez fous pour se mettre de gaieté de cœur la moitié de l'Europe continentale sur les bras.

II

Avec le traité de Vienne (1864) finit la première phase de la question qui nous occupe. La seconde phase n'est, en tous points, que le développement de la première. Toutefois, parmi les esprits clairvoyants, qui avaient entrevu, dans le conflit des Duchés et la guerre du Danemark, toutes les conséquences qui se sont produites depuis lors, il en est qui se sont demandé si l'on n'aurait pas dû s'arrêter dans la voie de neutralité bienveillante où l'on s'était engagé. Ces « esprits clairvoyants » se divisent, en effet, en deux classes. Les uns, et nous nous piquons d'être du nombre, ont vu dans les événements de 1863 l'aurore d'une rénovation pour l'Allemagne et y ont applaudi de tout cœur, sans arrière-pensée ; les autres ont cru y reconnaître l'origine d'une éclipse pour la grandeur de la France, et leur patriotisme s'en est alarmé. On remarquera que nous ne comptons ici que les esprits sincères, dégagés de toute influence de partis, de toute pression d'opinion intéressée ou suspecte. Il s'agit donc uniquement d'examiner laquelle de ces deux écoles est en possession de la vérité, laquelle a le mieux pesé les intérêts moraux et matériels de la France, laquelle des deux politiques, l'une bienveillante, l'autre hostile aux transformations qui s'accomplissent en Allemagne, méritait d'être préférée dans les conseils du gouvernement.

Il n'est pas invraisemblable de penser que, pour quelques-uns des hommes qui ont une part dans les affaires de l'Etat, la perspective de « compensations » territoriales à réclamer ne fût pour quelque chose dans la satisfaction qu'ils éprouvèrent à voir les deux grandes puissances allemandes sur le point d'en venir aux mains. Cette préoccupation montre, chez eux, plus de patriotisme que d'intelligence, et elle porte un nom que tout le monde connaît. Chez d'autres, le maintien de la paix apparut comme un but si désirable, qu'à « tout prix » on le croyait digne d'être acheté. Si d'autres, enfin, se sont élevés à des considérations plus hautes et sont parvenus à se dégager des sentiments de convoitise et d'étroite jalousie, pour déterminer une politique sensée et féconde, il faut savoir les en féliciter, sans imaginer qu'ils dussent être bien nombreux.

La politique personnelle de l'Empereur fut dans ce sens, et elle prit quelques occasions de se manifester. Peut-être fût-elle allée plus loin si elle n'avait rencontré, dès l'abord, de sérieuses résistances et dans le conseil et dans le Corps législatif. « La France veut la paix, » fut le mot d'ordre et de l'opposition et de la majorité. Les journaux la recommandaient, les orateurs la prêchaient. Il y eut, toutefois, cette particularité singulière, que beaucoup ne la réclamaient pas seulement pour la France, mais voulaient qu'on en étendît les bienfaits à l'Europe entière, à l'Allemagne en particulier, et que, pour cela, on la menaçât de lui faire la guerre. Etrange aberration, contradiction bizarre de l'esprit humain, qui pousse l'homme en crainte d'un péril à s'y jeter tête baissée.

Devant ces manifestations non équivoques, il fallut que des déclarations officielles vinssent calmer les ardeurs guerrières de l'esprit pacifique. On sait quels applaudissements accueillirent, après le discours de M. Thiers, les paroles de M. Rouher venant jeter à l'Assemblée toute frémissante cette déclaration : que l'Italie s'engageait à ne pas attaquer l'Autriche. On ne peut, aujourd'hui, se rappeler cette séance sans être pris d'un de ces accès de gaieté qu'on éprouve en lisant une bonne scène de comédie ; toujours est-il que l'enthousiasme, alors, fut très sérieux et que personne ne songeait à rire. Si le discours d'Auxerre vint, quelques jours après, raviver les inquiétudes, il n'en resta pas moins la conviction que la France, pour cette fois, n'unirait pas ses armes à celles de la Prusse. C'était ce que l'on demandait avant tout. Si l'on achevait de mettre à mort ces malheureux traités de 1815, contre lesquels on a tant écrit et tant crié en France depuis cinquante ans, au moins, nous n'aurions pas trempé dans le meurtre. La Prusse seule serait responsable du forfait.

En haine de ce qui semblait le résultat d'une entente entre le gouvernement de Berlin et celui des Tuileries, les traités de 1815 regagnaient faveur parmi nous. L'école dont nous parlions plus haut les prenait sous son patronage et s'ingéniait à démontrer qu'après tout ils avaient du bon, et qu'en contenant la France, en déchiquetant l'Italie, en imposant silence aux aspirations de l'Allemagne, en gênant un peu tout le monde et ne satisfaisant complétement personne, on avait créé un admirable instrument d'équilibre et de paix. Quel besoin avait donc la France de franchir ses frontières actuelles? N'étaient-elles pas assez vastes pour satisfaire toutes ses ambitions, pour permettre le développement de toutes ses forces et de toutes ses libertés? Le plus bel accroissement de territoire balancerait-il jamais les inconvénients de nous rendre odieux à toute l'Europe, d'y exciter l'envie et la haine, d'y entretenir le vieux levain des coalitions? Paroles sensées au demeurant, qui n'avaient d'autre inconvénient que d'être inspirées par la conviction, assez générale en France à cette époque, qu'un traité secret, élaboré à Biarritz, stipulait pour nous quelque concession de territoire.

Ces appréhensions d'un agrandissement territorial avaient pris une telle consistance, que les journaux d'opposition antidynastique, ou passant pour tels, en faisaient le thème ordinaire de leurs doléances. On voyait déjà l'empire à cheval sur la Meuse et la Moselle, se mirant dans les eaux du Rhin. Il y eut de bonnes raisons données par eux contre des annexions de cette espèce. On montra ces pays allemands comme peu disposés à devenir français; on fit valoir les différences de langue et de race; on prononça même le nom de la Pologne, nom destiné à rester éternellement synonyme d'annexion contre nature. Bref, il sembla assez général dans l'opinion que le vieux goût du Rhin avait beaucoup diminué en France, et que, si elle était consultée sur cette annexion, elle pourrait bien décliner l'hommage qu'on voulait lui faire. L'esprit public allait à la dérive; on voyait des libéraux pencher du côté de l'Autriche, des pacifiques prêcher la croisade contre la Prusse, des démocrates s'élever contre la démocratie allemande, des protestants protester contre l'envahissement du protestantisme. C'était la confusion des langues, une Babel où les frères ne s'entendaient plus, où les ennemis de la veille s'étonnaient de parler le même idiôme.

Au milieu de ces rumeurs, une lettre de l'Empereur à M. Drouyn de Lhuys vint essayer, dans le *Moniteur* du 12 juin, de préciser le caractère de la politique française. La conférence dont notre gouvernement avait provoqué la réunion, que la Prusse avait acceptée, que l'Autriche seule allait inconsidérément repousser, ne paraissait déjà plus offrir un terrain commun où l'on pût s'entendre. La guerre était imminente, elle était certaine. La lettre impériale ne laissait aucun doute à cet égard. Cependant, elle exposait assez clairement quelle eût été la politique de l'Empereur si la conférence avait eu lieu. Il « repoussait toute idée d'agrandissement territorial tant que l'équilibre européen ne serait pas rompu. Nous ne pourrions songer à l'extension de nos frontières que si la carte de l'Europe venait à être modifiée au profit exclusif d'une grande puissance, et si les provinces limitrophes demandaient, par des vœux librement exprimés, leur annexion à la France. » Il fallait donc deux conditions : l'agrandissement d'une puissance capable de rompre l'équilibre européen et l'accession volontaire de populations limitrophes, pour que la France se crût en droit d'élargir sa frontière ; il les fallait avant la guerre, lorsque la France intervenait dans le débat au même titre et avec les mêmes armes que les autres puissances. La guerre, si elle avait lieu, modifierait sans doute la situation. Du reste, la lettre impériale, qui indiquait très nettement la triple cause du conflit, reconnaissait à la Prusse le droit de prétendre à une position géographique mieux délimitée, à plus d'homogénéité et de force dans le nord de l'Allemagne ; à l'Allemagne, le besoin d'une union plus intime entre les Etats secondaires, d'une organisation plus puissante, d'un rôle plus important ; pour l'Italie, la nécessité d'assurer son indépendance nationale par l'acquisition de la Vénétie. En même temps, il est vrai, l'Empereur manifestait le désir que l'Autriche eût conservé sa grande position en Allemagne. Hormis cette dernière condition, le programme, qui n'avait rien que de juste et de raisonnable, concordait parfaitement avec le programme de la Prusse, et personne, au moment où il parut, ne songea à le contester. Mais, ne l'oublions pas, c'était le programme de la paix ; la guerre intervenant, il pouvait être modifié, et naturellement des avantages plus grands pouvaient être dévolus au vainqueur. Quant à la France, elle n'avait que deux intérêts à sauvegarder : « La conservation de l'équilibre européen et le maintien de l'œuvre que nous avons contribué à édifier en Italie. » La force morale de la France suffirait à cette mission ; sa parole serait écoutée sans qu'elle fût obligée de tirer l'épée. D'ailleurs, les cours engagées dans le conflit avaient assuré le gouvernement français « que, quels que fussent les résultats de la guerre, aucune des questions qui nous touchent ne seraient résolues sans l'assentiment de la France. » Dès lors, quelle devait être notre attitude ? Il n'y en avait qu'une qui fût conforme aux prémisses du programme, *une neutralité attentive*. « Forts de notre *désintéressement*, poursuivait l'Empereur, animés du désir sincère de voir les peuples de l'Europe oublier leurs querelles et s'unir dans un but de civilisation, de liberté et de progrès, demeurons confiants dans notre droit et calmes dans notre force. » On ne saurait imaginer un langage plus digne, ni des sentiments plus élevés.

Trois jours après cette lettre, la Diète de Francfort ouvrait les hostilités en votant contre la Prusse l'armement fédéral, et quinze jours ne s'étaient pas écoulés, que les armées prussiennes étaient maîtresses de la Confédération et de l'Autriche. Qui oserait dire qu'après cette rapide victoire la position des belligérants fût la même qu'auparavant? Il est évident que la Prusse pouvait élever des prétentions et faire valoir des droits qu'elle n'aurait pas affichés avant la lutte. Si elle poursuit ses succès, si elle entre à Vienne et à Presbourg, qu'elle tient sous sa main, ses droits vont s'accroître encore, ses prétentions vont s'aggraver. Pour se dégager du côté de l'Italie et se rendre favorable l'Empereur des Français, l'Autriche lui fait cession de la Vénétie. La cour des Tuileries ne fut pas sans comprendre ce qu'il y avait d'irrégulier dans une pareille cession, à un tiers, d'un territoire contesté les armes à la main ; elle mesura sans doute les difficultés qui pouvaient surgir d'une acceptation pure et simple, et les complications où, malgré ses déclarations antérieures, elle pouvait être entraînée. Néanmoins, elle accepta, mais elle eut la sagesse de faire coïncider son acceptation d'une offre de médiation, que fort heureusement les belligérants ne repoussèrent pas.

Les journaux officieux ont vu dans l'acte de l'Autriche le témoignage le moins douteux d'une estime profonde pour l'empereur Napoléon III, un hommage rendu à son haut caractère et à sa parfaite modération. J'ignore si tant de belles choses peuvent être aperçues dans l'acte d'un souverain qui sacrifie une province pour sauver le reste de son empire, et qui le fait de façon à flatter l'orgueil du monarque dont il attend le salut ; mais ce qui me paraît un témoignage bien plus sérieux et bien plus flatteur de considération et de déférence, c'est l'acceptation, par la Prusse, d'une médiation dont elle n'avait nullement besoin, qui lui était préjudiciable, au contraire, et l'arrêtait dans le cours de ses conquêtes. S'il fut permis de louer en 1859 la continence du vainqueur de Solférino s'arrêtant devant Vérone, il faut savoir aussi rendre hommage à la modération du vainqueur de Kœniggraetz, qui sut, à la veille d'une entrée triomphale dans la capitale de l'Autriche, céder aux instances d'un monarque ami et abandonner les plus belles de ses conquêtes, pour rentrer dans le programme qu'il avait tracé avant la guerre.

Sauf un point, nous l'avons dit, l'exclusion de l'Autriche de toute
confédération allemande, ce programme coïncidait parfaitement avec
celui que l'Empereur des Français avait tracé de sa main dans sa
lettre du 11 mai. Les bases de la paix, débattues entre la France et
les deux antagonistes, n'étaient qu'une réalisation pratique des deux
programmes fondus désormais en un seul. Les préliminaires de Ni-
kolsburg et plus tard la paix de Prague ne constituent, à vrai dire,
que la consécration des droits et des prétentions exprimés à la
veille de la guerre par la Prusse. Ainsi la Prusse n'avait rien demandé de plus après qu'avant la victoire; si bien que des hommes
d'Etat ont pu s'étonner que tant de gloire ait rapporté si peu de
profit. Hâtons-nous pourtant de calmer les ardeurs de ces insatiables;
le lot que préparait ce programme est assez beau pour que la Prusse
puisse s'en contenter et marquer une étape. Elle conquiert cette
hégémonie sur l'Allemagne du Nord qui était dans ses destinées,
mais qui aurait pu se faire attendre; elle améliore sa situation géographique en reliant au tronc du royaume, par les annexions de Cas-
sel et du Hanovre, ses provinces de Westphalie et du Rhin; elle ac-
quiert par là « cette homogénéité et cette force » que lui promettait
la lettre impériale; elle s'ouvre par le Sleswig-Holstein et le Hanovre
des débouchés importants sur les deux mers; elle unit plus étroitement entre eux les petits Etats du Nord, dont elle forme désormais un faisceau compacte. Enfin elle facilite la formation dans le
Sud d'une seconde confédération, dont les intérêts pourront se
greffer sur les siens. Ainsi se réalise, avec plus de grandeur et
de solidité, le double programme des deux cours de Paris et de
Berlin.

La cour de Berlin, par ses annexions prévues et calculées, a-t-elle
rompu l'équilibre de l'Europe? Il n'y paraît guère. L'extension de
son territoire propre peut-elle être considérée comme une modification profonde de la carte de l'Europe au profit exclusif d'une grande
puissance? Quel homme impartial pourrait le prétendre? En un mot,
pour nous renfermer dans le sens de la lettre du 11 mai, la France
a-t-elle sujet de s'alarmer si une puissance qui, par les lois de la
guerre, pouvait être appelée, sous l'ancien régime fédéral, à mener
au combat des populations de plus de 36 millions d'âmes, voit sa
population propre monter de 19 millions à 26, sans que son com-
mandement militaire soit augmenté? Tout récemment [1] nous nous
sommes appliqué à examiner cette question et à comparer les forces
que l'Allemagne de l'ancienne Confédération pouvait mettre en ligne

---

[1] Voir, dans la *Revue Contemporaine*, la livraison du 15 août dernier, le travail inti-
tulé *le Rôle de la Prusse et de l'Allemagne du Nord dans l'équilibre européen.*

contre nous, avec celles que la Confédération nouvelle peut nous opposer, et nous croyons avoir fait ressortir jusqu'à l'évidence l'avantage que, sous ce rapport, la France devait retirer de la révolution qui vient de s'accomplir au delà du Rhin. Nos arguments n'ayant été l'objet d'aucune réfutation sérieuse, nous croyons inutile de les reproduire.

Nous ne pouvons, en effet, considérer comme très sérieux les calculs auxquels se livre dans divers journaux [1] un ancien représentant à l'Assemblée législative de 1848. Ils pèchent par la base et omettent un point de départ essentiel, l'état du corps germanique et de ses auxiliaires obligés avant la guerre. M. Maurice Raudot voudrait « éclairer » notre patriotisme et nous montrer que, depuis quelques jours, nous avons à nos portes un ennemi redoutable, possédant une population aussi forte que la France et pouvant mettre en ligne des armées supérieures en nombre. Dans ses prévisions sinistres, M. Raudot donne déjà à la Prusse les petits Etats du sud, et, ajoutant leurs 8 millions 1/2 aux 29,216,531 de la Confédération du Nord, il nous menace d'un groupe de 38 millions d'Allemands, chiffre rond. Mais il oublie de nous dire ce qu'était le groupe allemand avant la rupture du pacte fédéral ; il néglige de nous montrer cet édifice militaire de 1815 qu'il regrette, et d'énumérer ses bastions. Pour que son patriotisme fût aussi « éclairé » qu'il le prétend, il faudrait qu'à ce chiffre de 38 millions il ajoutât les 11,893,182 habitants des pays autrichiens qui faisaient partie de la Confédération germanique. On verrait alors que, loin d'avoir pris une ampleur plus redoutable, le corps germanique a été diminué d'autant. Et ce n'est pas tout : l'ennemi — car c'était réellement un ennemi que nous avions alors sur le flanc — l'ennemi que nous avait façonné 1815 prêtait à ces forces, déjà plus considérables qu'aujourd'hui, l'appoint des populations de l'Autriche non comprises dans la Confédération, c'est-à-dire 27 millions de Slaves, de Roumains, d'Italiens, de Croates. C'était un ensemble effrayant de 76 millions d'âmes, juste le double de celui dont on nous menace aujourd'hui. Lequel, s'il vous plaît, est le plus « accablant, » le chiffre que l'on met en avant ou celui qu'on néglige de rappeler ? Le point de départ de M. Raudot est donc faux, et les conséquences qu'il prétend en tirer sont fausses également. Il a tort de croire que ses prophéties de malheur n'ont pas été réfutées ; elles l'ont été avant même qu'il n'eût parlé. Nous ne savons en vérité si c'est « l'intelligence des grandes choses qui s'éteint ou le patriotisme qui n'existe plus, » mais il nous semble qu'il y aurait mieux à faire que d'exciter les peuples les uns

---

[1] *Gazette de France* du 31 août, *la Liberté* du 13 septembre.

contre les autres par des calculs erronés, ce serait de pacifier les esprits en leur montrant les avantages qu'ils peuvent recueillir de la paix.

Mais l'important pour nous n'est pas dans le chiffre des armées, ni dans la cohésion plus ou moins intime de leurs éléments, ni même dans les mérites ou les défauts des fusils à aiguille ou des fusils Chassepot. Sans rabaisser le rôle que les armées jouent encore dans notre civilisation et qui, soit dit en passant à la confusion des humanitaires, semble devenir plus important et plus efficace à mesure que le niveau intellectuel des nations s'élève, il est permis de penser qu'elles ne forment pas seules la force des Etats, et qu'il est d'autres moyens pour eux d'affirmer et de faire respecter leur indépendance. C'est au développement de ces moyens que la politique française paraît avoir très heureusement sacrifié un peu de cette vanité stérile qui tient trop souvent lieu chez nous de véritable orgueil national. Par nos bons procédés envers l'Allemagne et la bienveillance que nous avons marquée pour ses développements nationaux, par le désintéressement que nous avons proclamé et prouvé, nous nous sommes acquis des titres à une bienveillance pareille de sa part, à une sympathie réciproque, et ces sentiments, quoi qu'il arrive, survivront à l'émotion que des regrets tardifs et malavisés de notre part pourraient avoir fait naître chez nos voisins.

Les conditions du programme impérial n'ayant subi aucune atteinte, nous n'avions aucune raison plausible de réclamer un agrandissement de territoire. Si comme on l'a prétendu dans ces derniers temps, sans formuler précisément des réclamations, nous avons donné à entendre qu'une extension de nos frontières ne serait pas inopportune devant les annexions que la Prusse était en train d'accomplir, notre diplomatie a dû apporter dans ses entretiens à ce sujet son tact et sa réserve habituels. Elle marchait sur un terrain brûlant, et où il n'était pas aisé de formuler des idées claires. De quelles frontières entendait-on parler ? L'Allemagne n'avait rien à céder de ses propres territoires : la France ne s'était pas engagée pour elle ; une « neutralité attentive » n'est pas de nature à créer des droits sur les contrées qui sont l'objet de cette attention et de cette neutralité. Ce n'était pas d'ailleurs au moment où elle tendait à réunir les parcelles éparses des territoires allemands pour leur donner cette « cohésion, » cette « force » dont parle la lettre impériale, que la Prusse, à qui cette mission sacrée était confiée par les événements, irait, au rebours de ses devoirs et de ses intérêts, livrer sans raison, sans combat, comme don de joyeux avénement, un morceau, si petit qu'il fût, du sol germanique. Il faut avouer du moins que le moment eût été mal choisi, et c'est alors que les défenseurs des traités de 1815 se fussent écriés que la Prusse payait la rançon de ses méfaits. Que si la France éprouvait le besoin d'agrandir son territoire, ce n'était pas du côté des pays prussiens, — prussiens de race, de cœur et de langage — qu'elle devait tourner ses vues; que les populations d'origine gallo-romaine, par qui sa langue est parlée, ne manquaient pas à sa convoitise; que si les prétextes lui manquaient pour qu'elle tentât de les faire rentrer dans la grande famille française, à plus forte raison manquaient-ils pour y faire entrer des populations qui lui étaient étrangères. Toutes ces raisons, que nous avons trouvées éparses dans la presse allemande, ont dû être fournies par le gouvernement prussien en réponse aux insinuations qui ont pu être faites. Elles montrent au surplus que l'état des esprits en Prusse n'était rien moins que disposé aux concessions de cette nature.

En élevant des prétentions mal justifiées — s'il est vrai qu'il les ait élevées — le cabinet des Tuileries a dévié un moment de la ligne de conduite qu'il s'était imposée ; sa politique vis-à-vis de l'Allemagne a été faussée, et il ne serait pas téméraire de croire que l'homme d'Etat qui s'était fait l'instrument de cette fausse manœuvre n'a été mis à l'écart que pour marquer un retour à la politique de désintéressement si hautement proclamée dans la lettre impériale du 11 juin. L'essentiel est que, dans l'intérêt de la France, ce retour soit sincère et durable. Malheureusement, de fâcheux indices entretiennent l'inquiétude et portent à penser, à tort certainement, que le gouvernement français garde par devers lui, pour l'avenir, des idées peu conformes à ses précédentes déclarations. Un recueil qui sait allier la plus profonde hostilité dynastique à la plus souple familiarité ministérielle, a été choisi pour soulever la question d'une réforme de notre système militaire, capable de nous donner des armées plus nombreuses et une force prépondérante. Les triomphes de la Prusse nous en feraient, dit-on, une obligation. Ce ballon d'essai a eu tout le succès désirable : il est repris et commenté par les journaux officieux et se voit en train de faire son tour de France sur les ailes des correspondances autorisées. Déjà on nous dit qu'un projet s'élabore pour être présenté au Corps législatif dès la session prochaine. Ces bruits sont mauvais ; ces menaces sont dangereuses. Les esprits en sont alarmés, les peuples voisins y prennent une fausse appréciation de l'opinion en France et se tiennent debout pour être prêts à toutes les éventualités. Au lieu d'achever de combler les abîmes que les vieilles guerres avaient creusés, on défait comme à plaisir l'œuvre de pacification et d'alliance qui était si bien commencée. Ce qui n'est pas moins fâcheux, c'est que ces démonstrations, où l'on s'obstine à voir une influence ministérielle, étant en désaccord avec la politique que l'Empereur a toujours affichée, enlèvent à celle-ci ce caractère de franchise qui lui avait assuré tant de triomphes et une si grande autorité. Voir ainsi détruire par le menu une si haute et si juste fortune est un spectacle douloureux. Nous sommes convaincu, quant à nous, que toutes ces fautes de détail ne sont que le fruit d'une interprétation erronée de la politique impériale, et que l'Allemagne se trompe quand elle croit voir la France se préparer à la lutte contre elle pour 1868.

Du côté de l'Italie, même politique, excellente par le fond, parfois défectueuse dans la forme. Tout en rendant à la Péninsule les plus grands services qu'elle pût espérer, en facilitant de tout notre pouvoir l'achèvement de l'entreprise dont nous avons cimenté les bases avec notre sang, cette unité nationale dont elle est si avide, nous avons l'art singulier de nous y faire honnir. Après lui avoir trop vivement fait sentir qu'elle nous devait le commencement de son indépendance, ce fut une fâcheuse idée, je crois, de vouloir lui persuader qu'elle nous en devait aussi l'achèvement. Elle a bien quelque raison de soupçonner que si notre bienveillance et notre crédit y sont pour quelque chose, les victoires de la Prusse et la vaillance de ses propres soldats n'y sont pas aussi étrangères que la fameuse note du *Moniteur* français pourrait le faire croire. Ce n'était pas, le lendemain d'un échec, le bon moyen de panser ses blessures, que de lui ravir, en quelque sorte, la gloire due à son courage et d'accepter, même pour le lui remettre, des mains de son adversaire, l'objet de ses aspirations et de ses efforts. Plus ces efforts avaient été jusque-là impuissants, plus il convenait de ménager son amour-propre. L'Italie n'était pas abattue ; la bataille de Custozza avait à peine entamé ses forces, et, avec une direction plus habile ou une volonté mieux accusée, il n'eût pas été difficile à l'armée italienne de reprendre, dès le lendemain, l'offensive. De plus, elle savait tout le prix de son alliance avec la Prusse, et celle-ci, à son tour, pouvait se sentir blessée du tour d'escamotage que l'Autriche venait de jouer à toutes deux. Le malheur voulut que, dans une vue généreuse et pour un but qui n'était autre que la paix, la France pût paraître servir de compère à la cour de Vienne.

Le cabinet prussien et le roi Victor-Emmanuel lui-même eurent la sagesse de ne point s'arrêter à ces apparences ; ils allèrent droit aux intentions, et, les appréciant comme il convenait, ils sacrifièrent la question de forme au résultat final et à la satisfaction d'un voisin ami, qui n'avait pas été inutile à l'accomplissement des grands desseins de l'Italie et de la Prusse. On imagina des biais charmants pour faire intervenir le nom de l'Empereur des Français dans un traité qui couronnait une guerre où la France n'avait point pris parti et pour donner raison à ce passage de la lettre impériale où il est dit « qu'aucune des questions qui nous touchent ne serait résolue sans l'assentiment de la France. » Le traité signé à Prague le 23 août dernier dit en fort bons termes : « Après que Sa Majesté l'Empereur des Français a fait déclarer officiellement, le 29 juillet, par son ambassadeur accrédité auprès de Sa Majesté le roi de Prusse, « qu'en ce qui concerne le gouvernement de l'Empereur, la Vénétie » est acquise à l'Italie pour lui être remise à la paix…. » L'acceptation de la Vénétie était donc de pure forme ; les cabinets de Berlin et de Florence s'étaient prêtés à ce petit arrangement de famille. Nous persistons à croire qu'il eût mieux valu l'éviter, parce que les peuples, qui ne sont pas dans les secrets des hommes d'Etat et n'ont pas toujours les moyens de peser leurs déterminations, jugent les choses par les apparences et peuvent en conserver une fâcheuse impression. Espérons que le temps et les résultats positifs d'une guerre qui, en définitive, n'a pas été sans gloire, effaceront bientôt le souvenir de ce léger dissentiment, pour ne plus laisser que la mémoire d'une alliance qui a porté de bons fruits.

L'œuvre qui s'accomplit en Prusse et qui s'achève en Italie n'est pas, comme on le prétend trop souvent, une œuvre de double ambition. C'est par excellence une œuvre du temps, l'accomplissement nécessaire d'une double destinée, la conséquence d'une idée de justice et de vérité. La France, il faut le reconnaître, a eu sa grande part dans la gestation de cette idée et dans son épanouissement à la vie. Ce n'est pas d'aujourd'hui qu'elle l'a réchauffée dans son sein, et ce n'est pas le XIXᵉ siècle qui l'a inaugurée. Mais on peut dire que, depuis dix ans, la politique impériale lui a donné une vie nouvelle et communiqué un essor inattendu. Que beaucoup en demeurent étourdis, cela se conçoit ; que ceux-là mêmes qui, au début, l'ont saluée s'étonnent de la voir aujourd'hui si forte, c'est l'ordinaire dans l'esprit humain. Ce que nous ne comprendrions pas, ce serait que la nation entière, en qui se condense l'idée du siècle, fût alarmée de ses progrès et prît ombrage des merveilles qu'elle accomplit. Que l'Italie poursuive son unité et reprenne sa place légitime parmi les nations indépendantes ; que la Prusse resserre le faisceau des provinces allemandes et les fasse participer plus largement à l'existence des grands Etats, loin de nous en plaindre, il faut nous en féliciter. Ce sont autant d'auxiliaires que nous trouverons dans notre marche à travers la civilisation vers le progrès. En réalité, le même souffle nous anime et nous tendons au même but. Dans les grands problèmes qui agitent encore l'Europe et qui peuvent demain la bouleverser, les meilleurs, les seuls alliés que nous puissions désirer sont les peuples qui partagent nos sentiments, nos idées de liberté et d'humanité, qui marchent, en un mot, dans les mêmes voies que nous. Plus ces alliés seront forts, plus nous serons forts nous-mêmes, et, loin de nous les aliéner par de mesquines convoitises, nous devons, au contraire, nous appliquer à effacer les souvenirs des vieilles erreurs et l'amertume des nouvelles jalousies. L'Empereur, en s'associant à ces idées nationales, qui tourmentaient depuis si longtemps l'Italie et l'Allemagne, loin de trahir, comme on l'a dit, les intérêts de la France, les a, au contraire, mieux compris que ses critiques, et a préparé, nous l'espérons du moins, les bases d'alliances plus solides et plus profitables que celles que l'on cherchait naguère vers le pôle ou par delà les Pyrénées.

Nous aurons quelque jour l'occasion de revenir sur cette pensée et d'en développer les perspectives. Dès à présent, ce que les organes de l'opinion ont de mieux à faire, ce qui s'impose au gouvernement comme un devoir, c'est de calmer les appréhensions que d'imprudents écrits ont éveillées sur le Rhin, c'est de désavouer les projets qu'on prête à la cour des Tuileries et qui ne tendraient à rien moins qu'à retourner l'adage : *Si vis pacem, para bellum*. De son côté, l'Allemagne nous doit de se mieux faire connaître à nous, de nous faire mieux apprécier ses sentiments et mesurer ses légitimes ambitions. Cette tâche incombe en grande partie à la presse allemande, presse instruite et sagace, dont, malheureusement, nous n'avons ici que des échos affaiblis ou faussés.

Deux jours après la publication de ce travail, le *Moniteur* donnait en partie satisfaction à nos vœux en portant à la connaissance du monde entier une Circulaire signée de M. le ministre des affaires étrangères par intérim. Nous avons cru devoir prendre acte de la conformité de nos vues avec celles que manifestait, hautement cette fois, le gouvernement impérial. Nous l'avons fait dans les termes que nous reproduisons ici.

LE MANIFESTE DU GOUVERNEMENT IMPÉRIAL

27 septembre 1866.

Il y a quinze jours, nous avons exposé, d'après les faits et les documents qui étaient à notre connaissance et suivant nos faibles lumières, quelle avait été *la politique de la France dans les affaires d'Allemagne et d'Italie.* En terminant, nous nous affligions de voir un recueil inspiré par le gouvernement et plusieurs journaux officieux, qui avaient, depuis l'origine, combattu à contre-sens le développement légitime de la Prusse et la formation de l'Allemagne du Nord, emboucher tout à coup la trompette guerrière, proposer comme une nécessité impérieuse de réformer notre système militaire et d'armer la France jusqu'aux dents. Il nous paraissait que ces confidents des lointains secrets s'abusaient ou cherchaient à pousser le pays dans une voie funeste ; que la politique personnelle de l'Empereur n'avait rien de cette duplicité qu'on tendait à lui attribuer ; que, fidèle, au contraire, à la lettre du 11 juin et au discours d'Auxerre, elle était pleinement satisfaite des événements qui venaient de s'accomplir en Allemagne, et qu'elle se faisait même honneur d'avoir favorisé leur avénement. Défenseur convaincu de cette politique, nous affirmions qu'elle était, à nos yeux, sans embages et sans arrière-pensée ; qu'elle ne visait pas, comme on semblait le faire entendre, à masquer la guerre sous les dehors de la paix et à se donner le temps de fourbir les armes pour 1868.

Depuis lors, le gouvernement lui-même a parlé, et l'on peut juger si nous n'avions pas complétement raison. Pendant que nous faisions appel aux sentiments pacifiques au nom des précédents de la politique impériale, il s'élaborait, dans l'ombre du cabinet, un document tout imprégné de l'amour de la paix et de l'esprit de fraternité qui doit régner entre les peuples. Sous forme d'une circulaire adressée à nos agents diplomatiques par le ministre des affaires étrangères par intérim, le gouvernement de l'Empereur faisait savoir au monde qu'il approuvait sans réserve « les changements considérables » qui venaient de s'effectuer en Europe : la dissolution de la Confédération germanique, la constitution définitive de la nationalité italienne, l'agrandissement de la Prusse, sa domination sur la rive droite du Mein, la formation d'une grande Allemagne du Nord et d'une petite Allemagne du Sud, la perte de la Vénétie pour l'Autriche et, finalement, son exclusion de toute Confédération germanique; il se félicitait, au nom de la France, de l'anéantissement des traités de 1815 et de la destruction de cette alliance forcée où la Prusse était rivée contre nous à l'Autriche et à la Russie; il énumérait les avantages que notre pays devait en recueillir, démontrait fort pertinemment que nous sommes beaucoup moins menacés par le nouvel ordre de choses que par l'ancien; que, loin de nous inquiéter de voir à nos portes des nations compactes de 18 à 37 millions d'âmes, au lieu de ces petits Etats sans lien et sans cohésion, il fallait y prendre une plus grande confiance dans la paix qui doit résulter de la liberté des alliances; « qu'une Europe plus fortement constituée, rendue plus homogène par des divisions territoriales plus précises, est une garantie pour la paix du continent, et n'est ni un péril ni un dommage pour notre nation. »

Ce n'est pas nous assurément qui contredirons de si justes paroles ni qui combattrons les démonstrations qui les accompagnent. Ce soin incomberait plutôt aux écrivains qui ont depuis trois mois, dans leurs « Histoires de quinzaines » ou dans leurs bulletins journaliers, empilé tous les arguments imaginables contre les idées et les faits auxquels applaudit aujourd'hui la circulaire. Mais, puisque le document ministériel a eu cette vertu singulière de leur enlever subitement la mémoire de leurs écrits et de les amener à nos propres sentiments, il faut s'en féliciter dans l'intérêt de la vérité et de la justice.

Pour nous, nous n'avons aucun effort à faire sur nous-même pour nous trouver pleinement d'accord avec le gouvernement, nous n'avons pas une ligne à désavouer de tout ce que nous avons écrit, car il ne se trouve pas dans la circulaire un mot, une idée que nous n'ayons exprimée plutôt deux fois qu'une depuis trois ans. Ceux qui nous font l'honneur de nous lire reconnaîtront que nous ne les avons jamais égarés sur les vraies données du problème qui s'agitait en Allemagne. Nous avons toujours dit que la guerre du Sleswig était juste; nous l'avons prouvé, et nul n'y a contredit sans fausser les faits. Nous avons toujours montré la nécessité, dans l'intérêt des peuples allemands, d'un agrandissement de la Prusse, et montré que cet agrandissement, tout à fait dans les principes de la politique française, loin d'être une menace pour la France, était au contraire conforme à ses intérêts les plus chers, parce qu'il donnerait l'indépendance à la Prusse, et, en brisant le faisceau des puissances du Nord, lui laisserait la liberté de ses alliances. « Affranchie des derniers liens de la Sainte-Alliance, écrivions-nous il y a plus de quatre mois[1], la Prusse ne serait plus obligée de s'appuyer tantôt sur l'Autriche, tantôt sur la Russie, et de suppléer par des alliances peu naturelles au défaut de force matérielle que les traités de 1815 lui ont préparé ; elle pourrait aller là où les affinités d'idées l'attirent, et former avec la France et l'Italie un groupe libéral qui marcherait à la tête de la civilisation en Europe. » Deux mois après, lorsque la Prusse victorieuse tenait dans ses mains le sort de l'Allemagne, et que l'opinion ici, surexcitée par ces mêmes écrivains qui s'inclinent aujourd'hui devant la bulle ministérielle, s'agitait et prenait l'alarme, nous disions en parlant du « courant irrésistible qui entraînait l'Allemagne vers une union plus intime de ses parties : » — « Ce fut sagesse à l'Empereur des Français de le favoriser, parce qu'il conquerrait ainsi à la France une alliée naturelle et puissante. » Et, en finissant notre étude sur *le rôle de la Prusse et de l'Allemagne du Nord dans l'équilibre européen*[2], nous disions : « Plus sage et plus avisé qu'on ne l'aurait voulu, qu'on ne l'aurait cru peut-être dans un certain monde, il (l'Empereur) a donné un gage non moins éclatant de sa modération qu'à Villafranca ; il a fourni un témoignage nouveau de son grand esprit politique, et préparé le nœud d'un faisceau d'alliances qui doit, en assurant pour longtemps la paix de l'Europe, porter notre puissance plus haut que ne l'aurait pu faire un accroissement de territoire de Landau à Dusseldorf. » Nous montrions dès lors que la plus grande cohésion de l'Allemagne était « un boulevard pour nous contre la barbarie. » Enfin, quelques jours avant que la circulaire ne parût[3], nous en faisions par avance le commentaire et développions la plupart des arguments qu'elle contient en germe.

C'est donc nous applaudir nous-même que d'applaudir à cet important document diplomatique, et, sans y mettre pour cela une forte dose d'amour-propre, il y a satisfaction pour nous d'avoir mieux compris la politique impériale que bon nombre des favoris et des conseillers mêmes du gouvernement. Il est incontestable que ceux qui dictaient les menaces auxquelles répondait l'autre jour avec tant de bonhomie M. de Sybell étaient ou mal instruits de cette politique, ou voulaient exercer par là une pression sur le cabinet de Berlin. Dans le premier cas, ils se montrent incapables d'interpréter la pensée de l'Empereur ; dans le second, ils prouvent leur inintelligence des sentiments de l'Allemagne et un défaut de droiture et de tact qui rend leur action bien dangereuse dans des affaires aussi délicates. Il n'aura pas fallu moins que la circulaire

---

[1] Dans la livraison du 15 mai dernier.
[2] Dans la livraison du 15 août dernier.
[3] Livraison du 15 septembre. Ces dates ont leur importance.

du 17 septembre pour guérir les plaies que ces mains imprudentes avaient ouvertes.

Que, sans être initié le moins du monde, et bien loin de là, aux secrets du gouvernement, nous ayons, avec tant d'exactitude et de point en point, exposé et justifié sa politique alors que ses organes officieux et même officiels la compromettaient et faisaient fausse route, faut-il beaucoup s'en étonner? Nous nous sommes toujours astreint à étudier les questions avant de les traiter, et nous avons été assez heureux parfois pour que nos études servissent aux siennes; nous nous sommes maintenu avec la plus grande attention dans les voies de la vérité et du droit, et, forcément, le gouvernement, en les adoptant lui-même, s'est trouvé parfaitement d'accord avec nous. C'est le triomphe de la vérité que nous saluons dans cette heureuse rencontre. Mais d'où vient que, si parfaitement d'accord sur la manière d'envisager les faits et sur les heureuses conséquences qu'ils ont pour le pays, nous différions tout à coup d'opinion dans nos conclusions? Nous avions parlé de ce ballon d'essai qu'on avait confié aux vents de la publicité, de cette « réforme de notre système militaire, capable de nous donner des armées plus nombreuses et une force prépondérante. » Nous avions fait voir le danger de ces mauvais bruits et l'influence déplorable qu'ils avaient à l'étranger sur l'opinion, dont ils entretenaient les défiances contre la sincérité du gouvernement impérial. Enfin, de ce qu'aucun danger ne menaçait la France, et des avantages qu'elle recueillait au contraire des changements qui venaient de s'opérer, il nous paraissait logique de conclure qu'aucune modification essentielle ne devait être apportée à notre régime militaire qui marquât soit une appréhension hors de propos, soit surtout une intention lointaine d'offensive. La circulaire reconnaît avec nous que tout ce qui s'est fait est heureux pour la France, que la Sainte-Alliance est brisée, que la Prusse est libre dans ses alliances, que « l'horizon lui paraît dégagé d'éventualités menaçantes; » elle va jusqu'à répéter presque textuellement nos paroles : on peut croire qu'elle conclura de même, et tout à coup, échappant à la logique, elle nous montre « la nécessité, pour la défense de notre territoire, de perfectionner *sans délai* notre organisation militaire. » Elle se hâte, il est vrai, d'atténuer ce que le « sans délai » peut avoir de vif, en disant que « ce devoir ne saurait être une menace pour personne; » mais, si ce n'est une menace, qu'est-ce donc que cette insertion dans un document diplomatique, destiné par conséquent à préciser la politique française devant les gouvernements étrangers, d'une pensée d'augmentation de nos forces militaires? Est-ce l'ordinaire, quand on n'a rien à redouter et qu'on ne veut attaquer personne, de déclarer à ses voisins qu'on va développer ses défenses et accroître ses armées? Ce n'était pas la place d'une telle déclaration, à moins qu'on ne voulût réellement dire au dehors qu'on n'était content qu'à demi de la tournure qu'avaient prise les événements, qu'on ne se sentait pas en force pour y faire obstacle, mais qu'on allait prendre ses mesures « sans délai » pour y mettre bon ordre.

Ces remarques ne sont pas de nous ; elles appartiennent à la presse allemande, qui est fort éclairée et fort intelligente. On y a répondu que si l'Allemagne a la prétention d'organiser ses territoires comme elle l'entend, sans permettre l'immixtion des gouvernements étrangers, elle n'a pas non plus le droit de jeter un regard inquisiteur sur la manière dont nous organisons notre armée. Il eût mieux valu ne rien répondre que de répondre de la sorte. La presse allemande ne trouvait nullement mauvais que nous songeassions à imiter le système prussien ; elle disait précisément que c'était là une affaire toute d'intérieur, et dont il ne convenait pas d'occuper la diplomatie ; que précisément, n'ayant rien à y voir, le cabinet prussien n'avait nullement besoin qu'on l'en avertît. On ne niait nullement le droit, on se demandait seulement ce que pouvait signifier une déclaration aussi complétement inopportune et inutile.

Eh bien, n'en déplaise encore une fois aux aigreurs d'une polémique mal inspirée, n'en déplaise même à cette étrange conclusion d'un document aussi profondément pacifique que la circulaire du 17 septembre, nous persistons à croire que la politique de l'Empereur est dégagée de toute arrière-pensée, et se présente à l'Allemagne dans sa pleine lumière lorsqu'elle se montre satisfaite des événements qui ont déterminé sa cohésion, et donné à la Prusse une force propice à la paix et à la civilisation. Ce document, remarquons-le, est écrit bien moins pour tracer une ligne de conduite à nos agents diplomatiques, que pour répondre à une émotion qui s'est produite dans le public et manifestée dans la presse ; ce n'est pas une note dont ces agents aient à donner lecture aux cabinets près desquels ils sont accrédités : il était loisible d'y introduire quelques données sur les projets intérieurs du gouvernement, puisqu'il n'en devait être fait aucune communication officielle ; il eût pu demeurer secret si l'Empereur n'avait préféré, par sa publication, attester hautement devant l'Europe la satisfaction qu'il éprouve des changements survenus depuis trois mois, et infliger un démenti aux bruits qui le montraient tirant déjà l'épée pour conquérir le Rhin. Le rédacteur du document aurait pu sans doute glisser avec plus de dextérité sur la contradiction qu'implique sa conclusion avec l'exposé qui la précède ; il eût pu surtout s'épargner ce « sans délai » qui décèle une préoccupation bien vive du lendemain. Mais il ne faut

pas demander à cette sorte de manifeste extradiplomatique la réserve exquise qui distingue souvent les pièces émanées de la diplomatie française. La plume qui a tracé cette circulaire n'en a point
les souplesses, et n'y vise probablement pas. L'auteur parle en
maître beaucoup plus qu'en ministre. Il convient de tenir compte de
ces nuances, et de ne pas tirer la quintessence des mots pour en
faire le venin que les raffinés cherchent dans la queue de toute pièce
diplomatique.

Dans quelle mesure, au surplus, s'agirait-il de modifier notre
système militaire? Adopterait-on le système prussien? Il a prouvé
son excellence en Prusse pour une campagne de quelques mois ; il a
donné, en peu de jours, une force imposante et bien organisée. Son
premier effort a suffi pour briser une grande puissance militaire,
parce qu'il était secondé par l'essor national, parce que la victoire
morale était remportée avant que la bataille de Kœniggraetz eût été
livrée ; parce que la rapidité de l'exécution et la fermeté du coup
d'œil ont pris l'adversaire au dépourvu ; parce qu'un corps d'officiers
instruits et d'ingénieurs excellents a su mettre à profit toutes les
ressources de la science et de l'industrie modernes ; parce qu'il y
avait une nation dans l'armée prussienne, un cœur qui battait pour
une patrie. Mais supposez un échec, possible après tout ; les acci-
dents de la guerre déjouent parfois les calculs les plus sûrs et les
plans les mieux combinés ; supposez que la guerre, au lieu de durer
quinze jours, ait duré seulement quinze mois, et comptez les mi-
sères qui en seraient sorties. Tous les hommes jeunes et les plus
valides, à la guerre, tous sans exception ; derrière eux, dans le pays,
les usines désertes, les manufactures chômant, les champs aban-
donnés ; partout, le foyer vide, la femme mourant de faim avec ses
enfants ou vivant de la charité publique, comme déjà on a pu le voir
dans les provinces rhénanes ; les chemins de fer, les administrations,
l'industrie, le commerce, les banques, tout ce qui fait la richesse et
renouvelle la force d'un pays, toutes les sources qui l'alimentent et
d'où lui viennent le sang, la vie, desséchées, taries. Combien de
temps une situation pareille pourra-t-elle durer? Comment rem-
plira-t-on les vides qui se feront dans les coffres de l'Etat en même
temps que dans la population? Avec le système prussien, le premier
choc est formidable ; mais, s'il échoue et que la guerre se prolonge,
de grandes catastrophes peuvent en résulter.

Il n'est pas mauvais que toute une nation connaisse le maniement
des armes et puisse au moment du péril être appelée tout entière à
la défense du territoire ; mais il faudrait que ce fût seulement dans
ce cas de péril extrême. Pour cela une garde nationale mobile, bien
exercée, bien entretenue, bien commandée, formée des trois quarts

de la population valide de vingt et un à trente et un ans, qu'on n'éloignerait pas de ses foyers en temps de paix, mais qui y demeurerait active comme une garnison, qu'on diviserait en deux ou trois bans, pour avoir toujours des réserves, dont les hommes pourraient librement se marier, à laquelle le droit de remplacement ne serait pas accordé; en même temps, une armée permanente peu nombreuse, mais très solide, formée d'hommes choisis et ayant la vocation, celle-ci gardant la faculté du remplacement, mais conservant ses hommes sous les drapeaux assez longtemps pour que leur profession devînt une carrière, principalement dans les armes spéciales; soumise à une discipline rigoureuse, recevant une solde suffisante, ayant devant elle une perspective de retraite honorable; une telle organisation n'aurait rien pour nous déplaire ni pour éveiller les inquiétudes de nos voisins; elle serait au contraire un gage de paix et de tranquillité; elle ne pèserait pas d'un poids trop lourd sur les populations, elle n'entraverait pas la marche des affaires ni les développements de l'agriculture et de l'industrie; elle n'empêcherait pas, comme la grosse armée permanente que nous entretenons en ce moment, l'accroissement de la population; elle ne causerait qu'une gêne momentanée aux jeunes gens, qui, bien souvent, prendraient plaisir à ce jeu du soldat, si attrayant pour le caractère français; elle développerait même chez eux le goût d'une gymnastique salutaire et des habitudes d'ordre et d'obéissance qui sont un engin social aussi précieux qu'un bon fusil; enfin elle aurait l'inappréciable avantage de permettre une économie sinon de moitié, du moins d'un quart sur le budget de la guerre. Cet argent, bien employé, augmenterait les forces du pays et pourrait constituer à son trésor une réserve comme celle dont la Prusse a fait récemment un si bon usage. L'excellente situation des finances de la Prusse n'a pas été pour rien dans ses victoires. Elle a triomphalement prouvé qu'en notre temps, plus qu'en tout autre, l'argent est le nerf de la guerre. Les braves gens qui, dans le Parlement de Berlin, lésinent sur les questions financières et marchandent au gouvernement la reconstitution de sa réserve, nous paraissent médiocrement pourvus de sens politique et même d'esprit pratique. La guerre heureuse qui vient de placer leur pays si haut sur l'échelle des nations n'a pas encore dissipé toutes les brumes de leurs cerveaux.

Mais en même temps qu'on se prépare en France à modifier le vieux système militaire qui nous a valu tant de victoires, et à introduire dans l'armement du soldat des instruments perfectionnés, il conviendrait de ne pas arrêter exclusivement ses regards sur ces deux points essentiels et de se demander si d'autres éléments n'ont pas contribué aux succès de l'armée prussienne. Pour ne parler que des éléments matériels, quelle part doit-on faire au télégraphe électrique et aux chemins de fer dans cette guerre si prompte et si décisive? quel rôle doit-on s'appliquer à leur ménager à l'avenir dans une armée bien organisée? Nous avons usé déjà de ces engins dans les guerres de Crimée et d'Italie; en avons-nous tiré tout le parti possible, et surtout nous sommes-nous préparés à nous en servir utilement sur notre propre territoire?

Lorsque nous allons en campagne, nous traînons à notre suite des services divers, et parmi eux tout un personnel de télégraphie. Sur ce point, je ne crois pas que nous ayons rien à apprendre de l'étranger. A peine avons-nous occupé une position, une ville, qu'aussitôt nos jeunes employés prennent possession du poste télégraphique, en établissent un s'il n'en existe pas, relient les fils s'ils sont rompus et se tiennent prêts à faire communiquer entre eux les différents corps d'armée et ceux-ci avec l'état-major général. Aujourd'hui, il n'est plus permis à un général d'armée d'ignorer un instant où sont tous ses régiments, la position qu'ils occupent devant l'ennemi et l'attitude qu'ils y ont prise. En marche même, le télégraphe devrait toujours accompagner au moins chaque division et s'avancer avec elle, si bien que le commandant en chef pût toujours transmettre instantanément ses ordres sur la ligne entière, de manière à concentrer ses forces ou à les disperser suivant les circonstances. Nous ne croyons pas que le service télégraphique en soit encore arrivé là dans nos armées; mais l'exemple de la Prusse, qui s'en est servie dans la bataille de Kœniggraetz, ne manquerait pas d'être suivi par nous à l'occasion. Ainsi, l'emploi des estafettes et des aides de camp se trouve réservé pour les cas où il est impossible de faire jouer le télégraphe, ou pour ceux où des explications verbales sont indispensables.

Sommes-nous aussi avancés dans l'application des chemins de fer à la locomotion des troupes et du matériel, à la défense du territoire? Avons-nous songé à nous créer un matériel pour les voies ferrées, analogue à celui dont nous nous servons pour les routes de terre, à organiser un corps d'ingénieurs capable de rétablir les voies lorsqu'elles sont rompues par l'ennemi, de jeter des ponts lorsqu'ils sont détruits? Avons-nous seulement songé à construire des défenses pour préserver les têtes de lignes, les gares de croisement, les dépôts de matériel roulant, les ateliers et les magasins? Il semble pourtant qu'à ces routes nouvelles doit concorder un nouveau mode de fortification et d'agression. Nos ingénieurs militaires devraient y être préparés. Je doute qu'on ait pensé à fonder pour eux, à la double école de Metz, des cours pratiques de construction et de locomotion des voies ferrées. Nos pontonniers n'ont pas appris à réparer les viaducs, nos sapeurs du génie à poser des rails, nos ouvriers d'artillerie à construire des caissons ni des affûts pour chemins de fer. Nous n'avons pas entendu dire jusqu'ici qu'on ait mis nos grandes lignes à l'abri de l'attaque en leurs points essentiels. Il ne suffit pas de rompre des ponts, de briser des rails pour empêcher l'ennemi d'arriver ; il faut prévoir chez lui une organisation comme celle dont nous parlons et lui en opposer une pareille. C'est dans l'emploi judicieux de ces forces que la science et l'industrie mettent aux mains des peuples, bien plus que dans une multitude armée qu'on retrouvera cette sécurité du territoire que les rapides victoires de la Prusse ont, aux yeux de quelques gens, compromise. Un petit nombre d'excellents soldats, munis de tous ces instruments, qui décuplent à la fois leur force et leur confiance, suffira pour les premiers chocs ; derrière eux pourront venir les gardes nationales mobiles, les landwehrs, peu importe le nom dont on les appelle ; on aura diminué considérablement les dépenses de l'armée, et, avec ces économies, reportées sur les forces productives du pays, contribué à préparer pour les jours de guerre des ressources considérables.

Il en est de même de l'instruction. C'est un trésor productif, dont les richesses s'accumulent et se multiplient. Si l'on veut une nation énergique, virile, fortement imprégnée du sentiment national, capable de conserver son rang parmi ses voisines, il lui faut deux choses, l'instruction et la liberté. C'est par le libre développement des facultés que les âmes s'élèvent et par l'instruction que l'intelligence grandit. Que l'on renvoie 100,000 hommes de l'armée permanente dans leurs foyers, pour en former si l'on veut une réserve ou une landwehr, et l'on pourra sans gêne doubler le mince budget de l'instruction publique, doter moins mesquinement les institutions intellectuelles, achever les canaux, construire des ports, établir des chemins de fer, élever tout à la fois le niveau matériel et le niveau moral du peuple. Dans tous les cas, ce n'est pas au moment où un sage esprit de réformes pénètre dans la marine et tend à détruire peu à peu le servage maritime, qu'il conviendrait d'établir chez nous le servage militaire. Il y a dans cette idée, qui s'est fait jour en ces derniers temps chez des écrivains qui se disent libéraux, quelque chose de monstrueux, d'antipathique à nos mœurs, à nos traditions, à nos sentiments, j'ajoute sans hésiter, quelque chose de contraire au développement véritable et naturel de la force. L'armée telle qu'on nous la dépeignait serait une goule qui sucerait en temps de paix le sang de la nation pour la laisser énervée en temps de guerre. Nous espérons bien que le gouvernement de l'Empereur ne cédera pas aux conseils fallacieux qu'on lui donne, et repoussera loin de lui des projets dont l'exécution ne serait ni facile ni populaire. S'il y a quelque chose à faire, c'est dans le sens et dans la mesure que nous avons indiqués.

Suivant nous, ce n'est pas dans l'accroissement des armées qu'une saine politique doit chercher sa force. On comprend qu'une nation imparfaitement constituée, comme l'était la Prusse avant les événements de cette année, entretienne une puissance militaire considérable et tienne toujours sur pied des contingents formés ; c'est ce que fit très sagement le roi de Prusse, en dépit de l'opposition de la Chambre, en portant de 40,000 à 60,000 hommes, dès 1860, le recrutement annuel de l'armée permanente. Pour se tenir prêt à la lutte inévitable qu'il prévoyait, pour servir les grands intérêts de son pays et les vœux de l'Allemagne, il fit précisément le contraire de ce que l'on voudrait que nous fissions aujourd'hui, il augmenta l'armée active et diminua la landwehr. Tous les hommes clairvoyants savaient qu'une guerre était nécessaire pour reconstituer l'Allemagne, et il eût été impardonnable au gouvernement prussien de ne s'y point préparer.

Mais nous, quelles conquêtes avons-nous à faire, quel travail avons-nous à accomplir pour compléter notre unité ? Quelle puissance nous menace comme l'Autriche menaçait la Prusse ? Quels territoires nous sont nécessaires pour relier entre elles nos provinces ? L'opposition libérale parlementaire a combattu vivement, avant la guerre d'Allemagne, toute idée d'agrandissement territorial de la France. Je sais qu'aujourd'hui elle tient un autre langage ; c'est la preuve du peu d'importance qu'on doit, en tout temps, prêter à ses écrits. Le gouvernement, de son côté, déclare hautement qu'il n'ambitionne aucune extension de frontières ; il proclame devant l'Europe son désintéressement et témoigne le désir de ne porter ombrage à personne. Dès lors, il est permis de se demander à quoi serviraient des bataillons nouveaux et à quel usage nous emploierions le million de soldats que l'on conseille gravement d'appeler sous les drapeaux. Si c'est pour défendre le territoire, une foule innombrable vaut moins qu'une petite et solide armée, et il suffit de mettre nos chemins de fer à l'abri pour multiplier nos forces et rendre le territoire invulnérable. Si c'est pour faire face aux lointains dangers d'une action concertée des États-Unis d'Amérique et de la Russie, nous pensons que c'est prendre un peu tôt l'alarme et se tromper sur le vrai moyen de les conjurer. Si, en effet, un jour ou l'autre, nous devons nous trouver aux prises avec ces deux grands empires, il est peu probable que toutes nos armées permanentes, augmentées de toutes nos réserves et accrues de toutes nos landwehrs, puissent leur tenir tête. On nous dit que l'ensemble de leurs populations atteindra alors au chiffre de 200 millions. Si le compte est juste et que nous n'ayons à y opposer qu'une cinquantaine de millions, il est clair qu'il nous sera difficile de ne pas subir leur prépondérance dans les questions qui les rallieront contre nous. Ce n'est donc pas en nous-mêmes que nous trouverons les éléments nécessaires pour maintenir auprès d'eux notre autorité. Il faudrait les chercher au dehors, c'est-à-dire dans de bonnes alliances. C'est ici que nous demanderons à tous les hommes de bonne foi quels seraient, en de telles conjonctures, nos alliés naturels, nécessaires ; incontestablement, la Prusse et l'Angleterre ; du côté de l'Amérique, la marine anglaise ; du côté de la Russie, les armées de la Prusse. Notre intérêt nous commande d'entretenir avec ces deux puissances des relations d'amitié, afin qu'au jour du danger nous puissions nous allier étroitement avec elles. Les circonstances suffiraient d'ailleurs pour consommer cette alliance et nous pourrions nous féliciter hautement alors d'avoir applaudi au développement des forces de la Prusse, qui deviendrait, comme nous le disions naguère, « notre boulevard contre la barbarie. » — Ceux qui conspirent contre cette alliance et s'efforcent de semer entre les deux nations des germes de discorde font, à notre avis, une œuvre coupable. J'admets que leur patriotisme marque beaucoup de susceptibilité ; mais je voudrais qu'il montrât en même temps un sens politique plus juste et plus étendu. Ils nous citent l'histoire. — Qu'ils la lisent donc et qu'ils la méditent.

Paris. — Imprimerie de DUBUISSON et Cᵉ, rue Coq-Héron, 5.

www.ingramcontent.com/pod-product-compliance
Lightning Source LLC
Chambersburg PA
CBHW051351060726
47596CB00005B/1871